DISCOURS

PRONONCÉ PAR

MONSEIGNEUR FONTENEAU

ARCHEVÊQUE D'ALBI

en l'Église Saint-Salvy le 20 mai 1885

A L'OCCASION DU MARIAGE

DE

M. Alphonse DE BORDAS avec Mlle Marguerite GARDÈS

ALBI

IMPRIMERIE A. ESCANDE, RUE DE LA CROIX-VERTE, 78.

DISCOURS

PRONONCÉ PAR

MONSEIGNEUR FONTENEAU

ARCHEVÊQUE D'ALBI

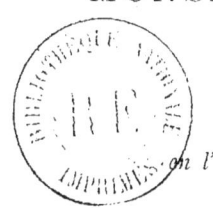 en l'Église Saint-Salvy le 20 mai 1885

A L'OCCASION DU MARIAGE

DE

M. Alphonse DE BORDAS avec Mlle Marguerite GARDÈS

ALBI

IMPRIMERIE A. ESCANDE, RUE DE LA CROIX-VERTE, 78.

Mes bien-aimés Fils en Notre-Seigneur,

Il est bien doux le ministère que je remplis en ce moment auprès de vos âmes ! Il est doux comme la reconnaissance et l'attachement dont je suis heureux, après le Saint-Siège, de donner un public témoignage à celui qui fut, pendant de longues années, et est encore, avec ses nobles fils, le soutien inébranlable et le défenseur fidèle des intérêts de la Religion.

Je me réjouis encore, parce que j'apporte la plus solennelle des bénédictions à des cœurs que je sais dignement préparés.

J'ai lu quelque part que le Seigneur, chaque fois qu'il crée une âme, lui crée en même temps une âme pareille, car toute âme a sa sœur ici-bas ; puis il les sépare et met quelquefois entr'elles tout un monde, jusqu'à ce que le hasard, disent les hommes, — la Providence, dit le chrétien, — mette face à face ces deux natures, qui, faites l'une pour l'autre, se reconnaissent à des signes célestes et particuliers, et qui, parties ensemble de la même patrie, doivent y retourner ensemble.

N'est-ce pas votre histoire, mes bien-aimés fils en Notre-Seigneur, et n'est-ce pas en même temps l'idéal du mariage chrétien : l'union de deux âmes que Dieu a prédestinées de toute éternité à confondre leurs vies, pour se soutenir par une même foi, s'animer par de communes espérances, s'élever dans les élans d'une mutuelle charité, et préluder ainsi à l'union plus douce qui, dans le sein de Dieu, sera sans bornes et sans fin ?

Hélas ! qui comprend ces choses, en ce siècle incrédule, frivole et dépravé ?... Que de mariages où l'on ne s'occupe guère que d'assortir deux positions, d'associer deux fortunes, et où l'on ne compte pour rien les qualités de l'âme, c'est-à-dire ce qu'il convient d'unir avant tout, ce que Dieu nous a donné de meilleur, d'impérissable, ce qui survit à tout !...

Aussi je regarde comme une bonne fortune pour mon cœur d'évêque de consacrer, au nom du Ciel, une alliance que de grandes et nobles pensées ont déterminée, que la sagesse a réglée, que la piété rehausse, et ma voix de père n'aura pas de peine à être goûtée, si je vous rappelle, ce que vous savez déjà, la grandeur et les obligations de l'acte grave et solennel que vous accomplissez.

Le mariage chrétien est une grande chose, mes bien-aimés fils, parce que Dieu en est l'auteur. Il en fit, à l'origine des temps, la plus honorable des institutions sociales : *Honorabile connubium*. Ce fut lui qui donna, au Paradis terrestre, la première bénédiction nuptiale ; il voulut y présider comme père, pontife, témoin et législateur tout à la fois.

Le mariage chrétien est une grande chose, parce qu'après l'avoir entouré, pendant quarante siècles, du respect de tous les peuples dignes de ce nom, le Seigneur l'a élevé à la dignité de Sacrement : *Sacramentum hoc magnum est*.

Le mariage chrétien est une grande chose à cause des fonctions que les époux sont appelés à exercer et de la place qu'ils occupent, selon les desseins de la Providence, dans la hiérarchie des êtres. Ne partagent-ils pas en quelque sorte la puissance créatrice de Dieu ? Ne sont-ils pas, comme lui, dans une certaine mesure, les auteurs et les conservateurs de la vie ?... Ne deviennent-ils pas ensuite participants de sa majesté et de son autorité, de sa sagesse et de son amour dans l'œuvre sublime de l'éducation ?...

Enfin, le mariage chrétien est une grande chose parce qu'il est comme un reflet de l'union, qui fait dans le Ciel l'éternelle joie des trois personnes divines, et comme une image des noces mystérieuses que Jésus-Christ a contractées ici-bas avec son Eglise. Les écrits de saint Paul sont remplis de cette doctrine, qu'il résume dans cette magnifique sentence : « Le mariage est un grand sacrement, en Jésus-Christ et en l'Eglise : *Sacramentum hoc magnum est, dico autem in Christo et in Ecclesiâ.* »

Reconnaissez donc, époux chrétiens, reconnaissez votre dignité : *Agnosce, christiane, dignitatem tuam.* Par l'acte sacré de votre alliance au pied des autels, vous vous élevez jusqu'à Dieu, car vous réalisez une institution divine, vous recevez un sacrement divin, vous allez continuer des fonctions divines et représenter en vous-même un mystère divin.

Mais si telle est votre dignité, quels sont vos devoirs, car Dieu ne donne jamais de grandes faveurs sans imposer de grandes obligations ?...

De même que dans le monde de la nature, il y a une loi fondamentale qui régit tous les corps et les maintient dans une perpétuelle harmonie : la loi de l'attraction ; de même dans le monde des intelligences et des cœurs, il y a un précepte qui les domine tous et dans lequel le théologien par excellence du mariage chrétien, saint Paul, a résumé les devoirs des époux, je veux dire le précepte de l'amour.

Continuant la figure dont j'ai parlé plus haut, il leur dit : « Aimez-vous l'un l'autre d'un amour qui imite l'amour mutuel de Jésus-Christ et de l'Eglise : *Viri, diligite uxores vestras, sicut Christus Ecclesiam.* »

Aimez-vous d'un amour qui soit pur. Ayez le respect, ce n'est pas assez dire, ayez le culte de ce qu'on a si bien appelé « la sainte pudeur et l'inviolable fidélité du mariage. » Bossuet, en parlant de l'union de Marie et de Joseph, les compare à deux astres qui n'entrent en conjonction que pour se communiquer leurs mutuelles lumières. Et moi, en ce moment, j'ose comparer votre alliance à celle de deux Anges : l'Ange de l'honneur et l'Ange de la piété, s'unissant pour se communiquer leurs vertus et vivre heureux dans l'accomplissement de la volonté divine.

Aimez-vous d'un amour généreux et dévoué. Dans la pensée de Dieu, l'homme est la tête, la femme est le cœur. A la tête, il appartient de gouverner; au cœur, il appartient de soutenir. Voilà pourquoi, dans nos divines Ecritures, la femme est appelée la compagne : *Socia*, l'auxiliatrice : *adjutorium*, et j'ajoute la conseillère de l'homme. Ils s'unissent donc pour s'entr'aider, et c'est pour cela qu'ils doivent s'aimer jusqu'à l'oubli, mieux encore jusqu'à l'immolation d'eux-mêmes. Il faut qu'il y ait de part et d'autre des trésors inépuisables d'indulgence, de douceur et de bonté; il faut qu'ils vivent l'un pour l'autre, et que l'un fasse du bonheur ou de la souffrance de l'autre son propre bonheur et sa propre souffrance. N'est-ce pas ainsi que les philosophes anciens définissaient le véritable amour : *Gaudium ob felicitatem alterius*.

Enfin, aimez-vous d'un amour surnaturel et divin. Le mariage est, avant tout, une vocation; on le contracte parce que Dieu y appelle, et, comme la volonté de Dieu est la sanctification des âmes, il en résulte que le mariage chrétien doit être une grande école de perfectionnement; on y travaille, à deux, à devenir meilleur. Mais pour cela il faut que l'union soit cimentée par un amour dont Dieu demeure à jamais la base, le centre et le couronnement; il faut avoir le noble courage de réaliser ce type de la famille chrétienne, dont Tertullien nous a tracé la délicieuse et grave peinture : « Qu'elle est touchante l'alliance de ces deux époux, bénis du Ciel, n'ayant qu'un même toit, un même nom, un même cœur, une même vie; tous les deux disciples de la Religion, pénétrés tous deux d'amour et de respect pour elle, et trouvant tous deux près d'elle la garantie de leur bonheur! Ils prient, ils se prosternent ensemble; ils s'instruisent et s'encouragent l'un l'autre et se supportent mutuellement. Ensemble, ils viennent louer Dieu dans son temple, écouter sa parole, participer au banquet sacré, offrant ainsi au monde étonné tous les charmes de l'aimable vertu et l'image si suave de l'ordre divin en toutes choses.

» Enfin, ils partagent ensemble les biens et les maux, les consolations et les peines de la vie présente. Les peines y sont plus fréquentes que les joies; mais qu'importe? Ils savent porter dignement jusqu'au bout le poids de leurs devoirs.

O mes bien-aimés fils, quel tableau et quel programme!... Ce sera le vôtre assurément, car le passé me répond de l'avenir.

Vous pouvez être fier, Monsieur, de celle que Dieu vous a destinée dans son ineffable bonté! C'est une nature d'élite et un ange de vertu. Recevez-la toute parée d'innocence, de grâce et de simplicité. Pareille à cet astre du matin qui annonce l'aurore, elle brillera, comme une charmante étoile, et répandra sur vos jours le doux rayonnement de la paix, de la joie et du bonheur.

La religion d'une mère chrétienne et la tendresse de deux sœurs et de deux frères n'ont cessé de la protéger pendant que son noble père l'a environnée de sa constante sollicitude et de sa vigilance éclairée. Savourant ainsi au foyer domestique les saintes harmonies de la terre, comme Sainte Cécile, notre patronne, elle a écouté et reproduit sur la lyre de son âme les angéliques harmonies du Ciel. Entre la protection divine et ces affections d'ici-bas, elle a grandi dans une piété douce et forte, qui était le fruit d'une éducation choisie et le propre d'une âme merveilleusement douée.

Elle a souvent fait monter sa prière jusqu'au trône de Dieu, pour demander ce que serait l'avenir... Et vous êtes, Monsieur, la réponse du Ciel.

Et vous, ma chère enfant, n'êtes-vous pas aussi la réponse du Ciel pour celui qui va devenir un autre vous-même ?...

Ce que l'écho fidèle de la renommée m'a récemment appris me permet de vous féliciter sur l'élu de votre cœur. Il appartient à l'une de ces races où l'honneur et la foi sont une antique tradition. Sa famille a donné des Evêques à l'Eglise et des Abbés à la vie monastique ; c'est le signe assuré des divines prédilections. Lui-même a été formé sur les genoux d'une mère, en qui on se plaît à vénérer le type de la femme forte au milieu de ses souffrances, et sous le regard d'un père dont les principes sont la gloire du pays qu'il habite. Parmi ses maîtres les plus aimés, je suis heureux de rappeler les vaillants fils de Saint-Ignace qui ont gardé pour leur élève d'autrefois une véritable affection. Il a su conserver les sentiments chrétiens qu'ils lui ont inspirés et je salue en lui un caractère droit et un noble cœur. Il dirigera sa nouvelle barque comme jadis, brillant officier, il a conduit la première et sauvegardé le prestige de notre Drapeau.

Et maintenant, mes bien-aimés fils en Notre-Seigneur, que vos âmes se recueillent dans un même sentiment de foi et de religieuse émotion, pendant que je vais appeler sur vous l'abondance des grâces de Dieu par la célébration des Saints Mystères.

Puissent mes bénédictions assurer votre fidélité à vos devoirs et la réalisation de tous les vœux de cette assemblée d'élite.

Ainsi soit-il.

Albi. — Imp. A. Escande.

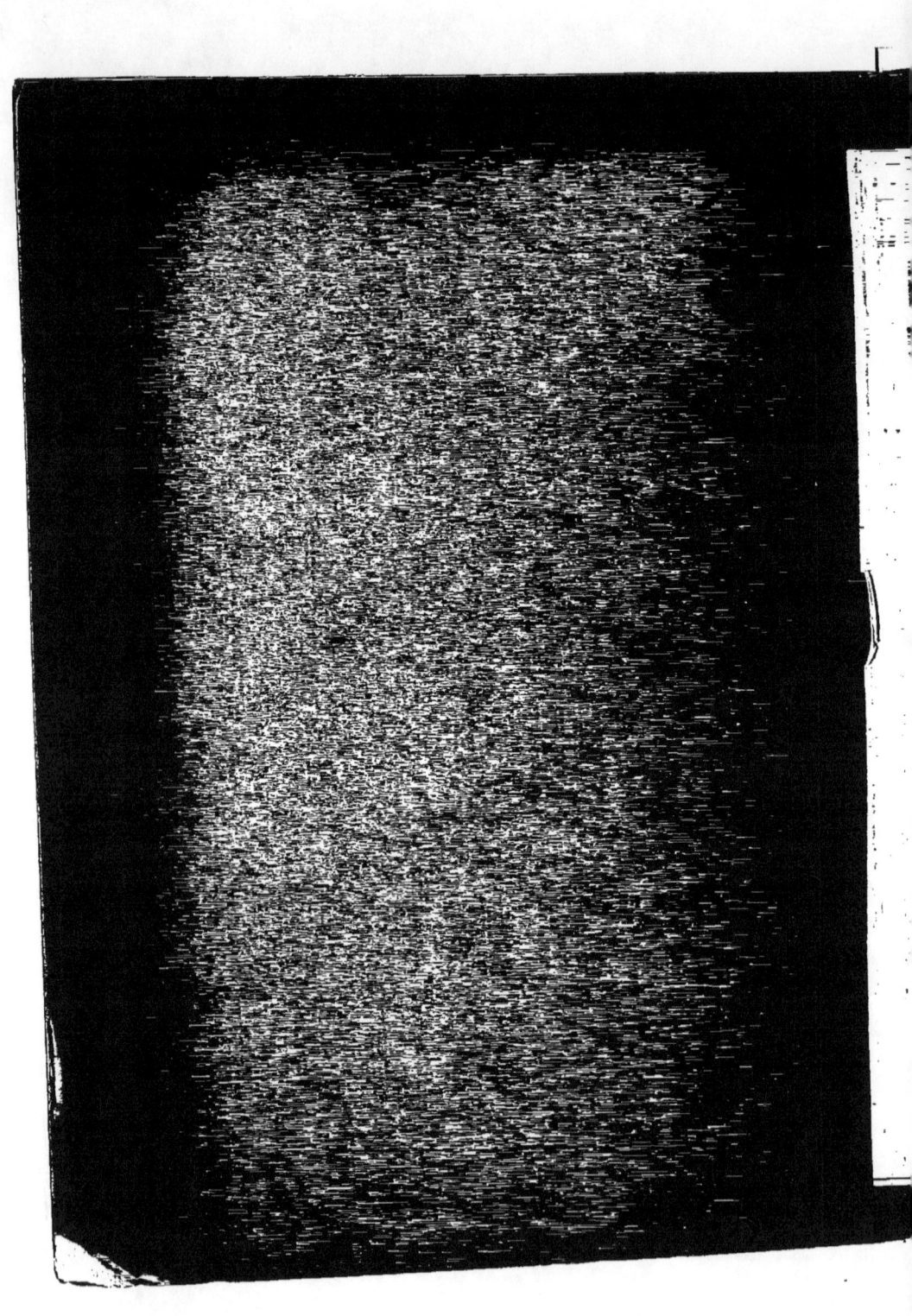

www.ingramcontent.com/pod-product-compliance
Lightning Source LLC
Chambersburg PA
CBHW060933050426
42453CB00010B/1985